NUOVI PRINCIPI E NUOVI ISTITUTI NELLA LEGGE URBANISTICA DEL VENETO

(L.R. 14/2017)

A CURA DI

GIANFRANCO PERULLI

CENTRO STUDI CIRGA

LULU EDITORE

First Printing: 2017

ISBN 978-0-244-95144-3

ELENCO AUTORI

GIANFRANCO PERULLI
Docente di Diritto Amministrativo all' Università Iuav
di Venezia e Avvocato Amministrativista

GIANMARIA BOSCARO
Collaboratore all'insegnamento di Diritto Amministrativo
all' Università Iuav di Venezia

LUCA BORTOLATO
Centro studi Cirga

ANNA FABRIS
Architetto in Venezia

CLAUDIO ALDEGHERI
Architetto in Venezia

ALESSANDRO CASAGRANDE
Dirigente Pubblica Amministrazione

PAOLO MAZZUCCATO
Dirigente Pubblica Amministrazione

INDICE

VERSO UNA URBANISTICA PROVVISORIA ?

Di Gianfranco Perulli

La L.R. 14/2017 introduce nella legislazione della Regione del Veneto alcuni istituti nuovi di zecca che modificano, ma anche complicano, il panorama del governo del territorio, e quindi l'urbanistica – edilizia, ambiente e paesaggio.

In linea con una cultura oramai diffusa il presupposto del legislatore veneto è il risparmio di suolo, sul quale ormai tutti convengono essere bene fondamentale per la vita dell'uomo, la sua salute, l'equilibrio dell'ambiente. Tali obiettivi vengono raggiunti con il metodo della programmazione che partendo dall'analisi dello stato attuale della superficie naturale ed agricola valuti il degrado urbanistico – edilizio, la sostenibilità ecologica, per raggiungere una riduzione del consumo di suolo, dei consumi idrici ed energetici, una integrazione sociale e culturale, delle infrastrutture, della mobilità veicolare, la partecipazione attiva degli abitanti alla progettazione, una sperimentazione edilizia e tecnologica e uno sviluppo di nuove economie e nuova occupazione.

La chiave è costituita dalla provvisorietà e temporaneità degli interventi per un'urbanistica emergenziale.

Il legislatore veneto recupera così esperienze già precisate in dottrina a proposito di un riuso temporaneo[1] , di spazi in abbandono o sotto utilizzati, vuoti, di proprietà pubblica o privata per riattivarli. Inoltre la nuova normativa interviene sulla rigenerazione urbana, la

---

1 Cfr *T. Robert, Temporary Urban spaces concept for the use of the cities spaces, Stuttgard 2006 ; P. Michelle , New towns for the 21th century : the planned versus the unplaned cities, Amsterdam 2010 ; B. Peter, W. Lesley , The Temporary City, London 2012*

riqualificazione del patrimonio edilizio, la sottrazione ad atti di vandalismo e deperimento, al contenimento di suolo[2].

In questo quadro normativo è possibile intravedere tratti di una nuova urbanistica costruita nell'ottica dell'emergenza che progetta la flessibilità perché il vuoto è spreco e va sempre riusato il patrimonio rappresentato da caserme, cantieri navali, fabbriche, tutti vuoti e dismessi.

Tutto ciò può essere valutato in termini strettamente giuridici [3]. Ne discende la tesi che avanziamo : nuove figure del governo del territorio, e in particolare l'istituto del riuso temporaneo e della riqualificazione edilizia, costituiscono una modifica dei canoni tradizionali degli istituti giuridici della proprietà e del possesso.

L'introduzione di una durata limitata nel tempo del rapporto con il bene interviene sugli istituti codicistici introducendo delle modifiche nella disciplina sia privatistica che pubblicistica. Orbene sarà necessaria una puntuale precisazione del destino di tali nuovi istituti urbanistici nella complessa articolazione normativa contrattuale, con una serie di raccordi con contenuti, termini, sanzioni ecc.

Si può quindi sostenere che il riuso temporaneo di un bene deteriorato e consumato sospende per un periodo limitato nel tempo le caratteristiche peculiari del bene stesso modificandone le caratteristiche giuridiche intrinseche che riprendono vigore al termine del periodo del riuso con le innovazioni acquisite. Si tratta di un riesercizio, di un nuovo e diverso utilizzo, di una diversa destinazione, a termine, con limitazione temporale . Vedremo gli sviluppi in fase applicativa e giurisprudenziale.

2Cfr. Urbanistica informazioni 263, INU 2015; www.urban-reuse.eu, Politecnico di Torino
3Ci sia consentito rinviare per numerose definizioni a G. Perulli, Governare il Territorio, III Edizione, Giappichelli Torino 2017

OBIETTIVI E FINALITA'

di Luca Bortolato

"Non è solo una legge che dice "stop", che esaurisce la sua funzione mettendo al bando l'inutile occupazione di suolo non ancora urbanizzato, è anche uno strumento che promuove una grande azione di semplificazione per favorire la rigenerazione di strutture obsolete e volumi improduttivi, in una logica funzionale e di modernità". E' con queste parole che il Governatore del Veneto, Luca Zaia, descriveva la nuova Legge sul contenimento del consumo di suolo e rigenerazione urbana, approvata dal Consiglio Regionale del Veneto il 29 maggio 2017. Sono sufficienti queste poche parole a dimostrare la volontà del Legislatore Regionale di introdurre importanti novità in tema di urbanistica e pianificazione che, seppur brevemente, si cercherà di esporre in questo commento all'art. 3 della L.r. 6 giugno 2017, n.14 dedicato agli obiettivi e alle finalità di quest'ultima.

Per capire a pieno gli obiettivi e le finalità che il Legislatore si è prefissato di raggiungere con la Legge sul contenimento del consumo di suolo e rigenerazione urbana è necessaria una breve digressione su questo tema a livello di legislazione regionale, nazionale ed europea.

Già la Legge Urbanistica della Regione Veneto del 2004 (L.r. 23 aprile 2004, n.11) mostrava plurimi riferimenti alla necessità di una pianificazione urbanistica che tenesse in considerazione il suolo quale risorsa limitata. Di questo ne si ha traccia già dalla lettura dell'articolo 2, dove alla lettera b), ad esempio, il Legislatore regionale prescrive :"l'utilizzo di nuove risorse territoriali solo quando non esistano alternative alla riorganizzazione e riqualificazione del tessuto insediativo esistente"[4].

La necessità di contenimento dell'uso del suolo è un'esigenza sentita anche a livello europeo tanto che la Commissione Europea ha rivolto al Parlamento Europeo, al Consiglio, al Comitato Economico e Sociale Europeo e al Comitato delle Regioni la comunicazione c.d. "Tabella di marcia verso un' Europa efficiente nell'impiego delle risorse"[5].

Quanto al livello nazionale va ricordato che, seppure sia mancante una legge nazionale sul consumo di suolo, già con l' art. 17, comma 1, lettera g), del decreto legge 11 settembre 2014, n. 133, convertito in legge 11 novembre 2014, n. 164 (c.d. "sblocca Italia"), il Legislatore statale ha realizzato un'integrazione delle norme sugli oneri di urbanizzazione volta "al recupero del patrimonio edilizio esistente e alla riduzione del consumo di suolo", prevedendo incentivi economici in termini di minori oneri per i casi di ristrutturazione, e disincentivi in termini di maggiori oneri per gli interventi di nuova edificazione che, conseguendo ad una variante urbanistica in deroga o con cambio di destinazione d'uso, comportino consumo del suolo[6]. Si ricorda poi che è in fase di approvazione in Senato il disegno di legge n. 2039 per la riduzione del consumo del suolo a livello nazionale, approvato in prima lettura dalla Camera dei Deputati il 12 maggio 2016.

Venendo ora all'analisi dell'articolo 3 della L.r. n. 14 del 6 giugno 2017,comma 1, emerge un chiaro rinvio ai principi[7], di cui all'art. 1 comma 2, seguiti dal Legislatore Regionale nella sua elaborazione. Centrale, tanto nell'articolo 1, quanto nell'art. 3, sono il suolo e il

---

4 Cfr. Art. 2 L.r., 23 aprile 2004, n. 11.
5 Cfr. Comunicazione della Commissione n. 0571/2011.
6 Su questo si espresso di recente anche il Tar del Veneto con la sentenza numero 692 del 2017.
7 Cfr Art. 1 Lr. 6 giugno 2017, n. 14.

contenimento dell'uso in un'ottica di riduzione del consumo di quest'ultimo e di riutilizzo delle aree urbanizzate, due concetti definiti dall'articolo 2.

Dall'incipit del primo comma si intuisce che è alla Regione che la Legge attribuisce il ruolo di attore principale nell'attuazione e nella realizzazione dei propri obiettivi e delle proprie finalità, non tralasciando comunque il ruolo fondamentale che Comuni e Province rivestono nella pianificazione del territorio, come si dirà *infra*. Il primo comma alla lettera a) stabilisce infatti che sarà la Regione a promuove la collaborazione con le autonomie locali e gli altri enti pubblici titolari di competenze sul contenimento del suolo e sulla pianificazione.

L'attribuzione di un ruolo primario alla Regione si fonda sui dettami dell'articolo 117, comma 2, della Costituzione che individua tra le materie rientranti nella legislazione concorrente tra Stato e regione il c.d. "governo del territorio", nel quale, dopo un acceso dibattito a livello di giurisprudenza costituzionale e dottrina, è stata ricompresa anche la materia dell'urbanistica e dell'edilizia[8].

La Regione, come si legge dal primo comma dell'articolo in commento, per attuare quanto previsto dalla nuova legge regionale direzionerà la propria azione in tre direzioni differenti:

1- Collaborazione tra le autonomie locali e gli enti pubblici titolari di competenze in materia di contenimento del suolo e di pianificazione territoriale.

2- Adozione di atti normativi e regolamenti per armonizzare e dirigere gli strumenti di pianificazione territoriale ed urbanistica nel senso di limitare e controllare il consumo del suolo, promuovere la

---

8 Tra le sentenze più importanti della Corte Costituzionale su questo tema si vedano: sentenza 1-7 ottobre 2003, n.307; sentenza 10-19 dicembre 2003 n. 362.

riqualificazione e rigenerazione delle aree già urbanizzate e tutelare il territorio aperto.

3- Azione di monitoraggio: disciplinando la raccolta, l'elaborazione, l'aggiornamento dei dati ritenuti utili per il buon governo del territorio regionale anche attraverso la collaborazione con Arpav (Agenzia regionale per la prevenzione e la protezione Ambientale del Veneto) e con l' Ispra (Istituto superiore per la protezione e la ricerca ambientale.

Il secondo comma dell'articolo 3 della L.r. 6 giugno 2017 n. 14 è dedicato alla trasformazione urbanistico-edilizia all'interno degli ambiti di urbanizzazione consolidata che non comportano un ulteriore consumo di suolo. Le politiche dell'Unione Europea hanno inciso profondamente su questo tema, attraverso l'elaborazione di linee direttive per gli stati membri. In particolare la Commissione Europea, che nel suo programma di sensibilizzazione al Consumo del suolo del 2 luglio 2014, ha ritenuto di fondamentale importanza dare una nuova impronta all'idea di utilizzo delle risorse, partendo dal presupposto che le risorse oggi scarseggiano sempre di più e perciò sono necessari degli accorgimenti volti a permetterne un riutilizzo. Questo vale anche per il territorio per il quale devono essere operate delle scelte urbanistiche capaci di riqualificare le aree già edificate[9].

Il terzo comma della nuova legge è dedicato alle politiche territoriali e in particolare agli strumenti di pianificazione che dovranno essere attuati per poter realizzare gli obiettivi di riduzione del consumo del suolo e di riuso del territorio. Dalla semplice lettura di questo comma emerge che mezzo attraverso cui realizzare le politiche territoriali sarà la pianificazione.

---

9 Cfr. Commissione Europea, "verso un'economia circolare: per un' Europa a zero rifiuti", 2 luglio 2014.

Gli strumenti di pianificazione non vengono elencati nella norma e va pertanto fatto rinvio agli strumenti di governo del territorio previsti dalla Legge regionale 23 aprile 2004, n. 11: Piani di Assetto Territoriale (PAT) e intracomunale (PATI), il Piano degli Interventi (PI) nonché i Piani Urbanistici Attuativi (PUA); il Piano Provinciale (PTCP) e quello regionale (PTRC). Pertanto la regione non potrà agire senza creare una necessaria interazione con gli enti locali, come già anticipato.

Venendo ora all'analisi dei singoli obiettivi centrale è quello di cui alla lettera a), forse vero e proprio cardine dell'intera legge: la riduzione del consumo del suolo non ancora urbanizzato per usi insediativi e infrastrutturali, in coerenza con l'obiettivo europeo di azzerarlo entro il 2050.

Gli altri obiettivi indicati al terzo comma dell'articolo 3, di cui si rimanda alla lettura, sono strutturati in maniera tale da realizzare scelte urbanistiche e di pianificazione in grado di rendere più agevole la realizzazione dell'obiettivo di riduzione del consumo del suolo.

Tra gli obiettivi che risultano più innovativi e aderenti alle politiche comunitarie esposte *supra* si possono menzionare quelli di cui alla lettera b) e c) volti ad individuare zone dove ripristinare la nautralità e a recuperare e valorizzare il terreno agricolo attraverso pratiche agricole sostenibili.

E' di particolare interesse notare come alla lettera l) la Legge regionale sul contenimento del consumo del suolo e sulla rigenerazione urbana abbia messo al centro delle scelte strategiche di trasformazione urbanistico-edilizia, rigenerazione e riqualificazione urbana il cittadino, in aderenza ai principi della Costituzione e della Legge n. 241/1990 che richiedono all'amministrazione un'azione trasparente e allo stesso tempo informata nei confronti dei cittadini[10].

L'ultimo obiettivo, alla lettera m), ricalca in parte quello della lettera precedente prevedendo l'attuazione di forme di collaborazione pubblico-privato che contribuiscano alla riqualificazione del territorio e della città. Torna quindi centrale l'importanza del cittadino che finisce per essere la parte maggiormente coinvolta in un'urbanistica c.d. partecipata[11].

Per quanto sin qui esposto è di tutta evidenza che la L.r. 6 giugno 2017, n.14 ha introdotto delle importanti novità sul piano urbanistico, conformandosi a quelle sono che le linee guida europee sul contenimento del consumo del suolo e sulla rigenerazione urbana, in un'ottica di contenimento dell'uso delle risorse, mostrando la necessità di una pianificazione diversa da quella comune. Questa scelta fa del Veneto una sorta di "precursore legislativo", che si auspica possa diventare modello per altri legislatori regionali, ma anche per il Legislatore statale che stenta a completare una legge capace di delineare un'urbanistica ragionata e attenta al riutilizzo del territorio, risorsa ad oggi sempre più limitata.

---

10 Alcuni comuni veneti hanno si sono già attivati in questo invitando i propri cittadini ad indicare aree su cui concentrare gli interventi di riqualificazione edilizia e di pianificazione. Cfr in questo senso avviso prot. n. 6708, 1.08.2017, comune di San Pietro in Gu (PD).
11 In Italia, pur mancando una legge che lo impone, esistono già diversi esempi di c.d. "urbanistica partecipata": Legge 42/2001 che impone a piani e programmi di un certo valore territoriale la procedura di VAS, prevedendo il coinvolgimento delle comunità locali nell'analisi dello scenario".

PROGRAMMAZIONE E CONTROLLO CONSUMO DEL SUOLO E POLITICHE PER LA QUALITA'

di Alessandro Casagrande

L'articolo 4 si qualifica, già dai contenuti del titolo, come attività di controllo e programmazione rispetto ai contenuti tecnici di tutta la legge in esame.

Il comma 1° infatti introduce un elemento sostanziale andando ad enunciare la volontà regionale di riduzione del consumo del suolo -" *Il consumo di suolo è gradualmente ridotto nel corso del tempo*"- ribadendo altresì la necessità di programmazione urbanistica regionale e comunale.

Le dichiarazioni di intenti sopra riportate non sono banali.

Dalla lettura degli atti preparatori alla stesura della legge[12] emerge chiaramente la volontà di riportare al centro dell'attenzione tecnica, ma anche politica, il consumo del territorio inteso come risorsa non rinnovabile e come bene comune.

Giova in tal senso riprendere alcune analisi fatte nello studio sul *"Consumo del Suolo dinamiche territoriali e servizi ecositemici "*redatto dall'Istituto Superiore per la Protezione e la Ricerca Ambientale, che nel periodo 2012-2016 in Veneto è stata "consumata" una percentuale di suolo ampiamente superiore al 10% (12,2%)[13] della superficie generale con una punta del 19% per la Provincia di Padova, seguita da Treviso

---

12 Si veda a tal proposito la relazione al progetto di legge del 29 maggio 2017 pubblicato dal Consiglio Regionale del Veneto deliberazione legislativa nr. 14
13 Superata solamente dalla Regione Lombardia con una percentuale del 13% fonte ISPRA ed 207 pag. 58

(16,8%), Venezia (16,3%), Vicenza (13,1%), Rovigo (9%) e Belluno (3,3%). Un dato che sicuramente può far ragionare è la quantità in termini di ettari consumati sino al 2016 che è pari a 224,556,19 con un differenziale 2016-2015 pari a 557,62 ettari di cui 527 ettari in pianura.[14]

La percentuale aumenta notevolmente sino al 20,3 % - per la Provincia di Padova - considerando solo il territorio di pianura (56 %) del totale eliminando le aree di collina e montagna.

Risulta quindi evidente perseguire delle politiche di contenimento del consumo in ottemperanza anche di disposizioni comunitarie che prevedono, già dal 2006, la progressiva riduzione della superficie impermeabilizzata sino al consumo zero previsto per il 2050[15] successivamente ribadita dal Commissione Europea nel Settimo Programma di Azione Ambientale nel novembre 2013[16] al fine di contenere gli effetti catastrofici generati dalla impermeabilizzazione selvaggia del territorio.

Su questi presupposti e con gli stessi fini anche la Regione Lombardia già nell'anno 2014 pubblicò una la L.R. nr. 31 del 28 Novembre 2014 " *Disposizioni per la riduzione del consumo di suolo e per la riqualificazione del suolo degradato*" con contenuti simili alla Legge Regionale Veneta[17]

---

14 Con un ritmo di 0,27 mq/sec fonte ISPRA ed 2017 pag. 79

15 Si veda il rapproto "REPORT FROM THE COMMISSION TO THE EUROPEAN PARLIAMENT, THE COUNCIL, THE EUROPEAN ECONOMIC AND SOCIAL COMMITTEE AND THE COMMITTEE OF THE REGIONS The implementation of the Soil Thematic Strategy and ongoing activities " pubblicazione pubblica UE anno 2017

16 Si veda Decision No1386/2013/EU of the European Parliament and of the Council of 20November 2013 on a General Union Environment Action Programme to 2020 'Living well, within the limits of our planet' Text with EEA relevance" pubblicazione pubblica UE anno 2013

17 Facile risulta confrontare il comma 2° dell'art. 1 della L.R. Lombardia " *il suolo, come risorsa non rinnovabile, è bene comune di fondamentale importanza per l'equilibrio ambientale, ..*" con l'art. 1 comma 1° della L.R. Veneto "*il suolo, risorsa limitata e non*

Analizzando il comma 2° in tutte le sue lettere successive, si riafferma la necessità di contenimento del consumo del suolo andando ad esplicare le modalità a definire le attività che Giunta Regionale, in accordo con il Consiglio Regionale, dovrà intraprendere entro 180 giorni dalla pubblicazione della Legge (180 giorni dal 24 giugno 2017) La lettera a) infatti identifica le quantità di suolo massimo "consumabile "dall'intera regione Veneto per poi distribuirli a livello comunale o sovra comunale in abiti omogenei.

L'importanza di questa attività è centrale e fondamentale permette infatti alle pubbliche amministrazioni locali singoli o nelle forme previste dalla legge (unioni, federazioni ecc.) di avere un dato certo, un numero quindi, sul quale poi programmare tutta l'attività di pianificazione urbanistica futura, numero dal quale però non è possibile discostarsi fatte salve le attività in deroga previste dall'art. 13.

Le modalità di definizione sono contente nei disposti della Delibera di Giunta Regionale n.427 del 10 Aprile 2013 per quanto attiene alle peculiarità regionali e dalle informazioni fornite direttamente dai Comuni secondo le indicazioni previste dal comma 5° di questo articolo (invio di scheda informativa).l'apertura alla co-progettazione urbanistica, già presente nei dettami della ormai datata L.R. nr.61/85 poi confermata della L.R. 11/2004, tra Regione e Comuni è ribadita da questo comma. Questo principio è ben più evidente alla lettera b) ove si parla espressamente, per gli ambiti urbani di rigenerazione, della necessità di definire dei criteri comuni per la progettazione/recupero di aree degradate.

La definizione dei criteri per la determinazione della quantità massima di suolo edificabile sono enunciati dal nr. 1 al nr. 8 del comma 2° e

---

rinnovabile, è bene comune di fondamentale importanza per la qualità della vita...

riguardano principalmente una ricognizione della strumentazione urbanistica di ogni singolo Comune.

Ogni singola Amministrazione Comunale quindi svolge una funzione ricognitiva dello stato dell'arte con la compilazione di una scheda operativa allegata al testo della legge che deve essere compilata e restituita alla Regione entro il sessantesimo giorno dalla ricezione della stessa da parte di ogni Amministrazione.

Dalla lettura attenta di questa scheda si può evincere che i dati richiesti possono essere classificati in due grandi categorie:

-elementi di tipo descrittivo sull'adeguamento o meno al PAT (Piano di Assetto del Territorio) o al PATI (Piano di Assetto del Territorio Intercomunale) riscontrando quindi lo stato di attuazione di quanto previsto già dalla L.R. 11/2004

-indicazioni sulla pianificazione vigente con individuazione delle quantità edificate/da edificare secondo la categoria residenziale e non residenziale (artigianale ,industriale, commerciale, direzionale , turistico ricettiva), dati reperibili all'interno di ogni singolo strumento urbanistico.

Per quanto riguarda la prima categoria il dato richiesto è naturalmente ricognitivo con l'indicazione dei piani vigenti/adottati e il loro stato di attuazione.

Altra questione è quella relativa alla trasmissione del dato circa le quantità edificate/da edificarsi.

Particolare attenzione deve essere posta nel caso di comuni attualmente dotati di PAT. La valutazione deve essere fatta quindi rispetto ai contenuti di ogni singola ATO – Ambito Territoriale Omogeneo- cosi come previsto dalla L.R. 11/2004

Ulteriore attenzione deve essere posta per le c.d. "Varianti Verdi" previste dalla L.R. 16 marzo 2015 nr. 4 con la quale si concedeva la possibilità di riconversione di aree con potenzialità edificatoria che, su richiesta del privato sono state trasformate in aree verdi prive di edificazione.

L'amministrazione comunale, qualora non dotata di PAT si trova quindi impegnata in una attività di ricognizione degli strumenti urbanistici attuativi in temimi di quantità di superficie trasformata in o in corso di trasformazione al momento dell'entrata in vigore della norma in questione, quindi bisognerà porre particolare attenzione all'efficacia degli strumenti urbanistici in modo da concretizzare efficacemente questo dato.

Alcune questioni sono state sollevate circa la definizione di territorio consolidato portando i tecnici regionali a definire lo stesso come superficie territoriale effettivamente utilizzata al momento dell'entrata in vigore della presente legge specificando quindi che il territorio deve essere letto come concetto effettivo e non giuridico ribadendo che la superficie consolidata viene generata dagli strumenti urbanistici strumenti urbanistici effettivamente adottati e quindi efficaci al momento dell'entrata in vigore della legge.

Altro dato da ricercare è quello delle superfici oggetto di piani compresi nei disposti dei Consorzi di Sviluppo di cui all'art. 36 comma 5 della L.R. 5 ottobre nr. 317 per i comuni che ne hanno usufruito

La compilazione, sicuramente impegnativa, deve essere però vista come momenti di sintesi e di consolidato di una situazione urbanistica stratificatasi nel tempo; un occasione quindi per valutare lo stato della pianificazione di ogni singola amministrazione per poi quantificare coerentemente l'espansione futura.

L'articolo 4 ai commi 3° e 4° specifica le modalità di approvazione del provvedimento che quantifica il consumo del suolo da adottarsi, da parte della Giunta Regionale entro 180 giorni dall'entrata in vigore delle legge - 27 giugno 2017 -, previa approvazione dello stesso da parte del Consiglio delle Autonomie Locali previsto dall'art. 16[18] dello Statuto della Regione Veneto. Allo stato attuale il Consiglio delle Autonomie Locali non risulta costituito e viene sostituito dalla Conferenza Regione-Autonomie Locali di cui all'art. 12 della L.R. 3 giugno 1997 nr. 20.

Il ricorso alla Conferenza Regione-Autonomie Locali rientra nel più ampio ambito di collaborazione istituzionale Regione- Autonomie in tema di pianificazione territoriale con impegno effettivo da parte di tutti gli attori istituzionali.

Il comma 5° indica i tempi di trasmissioni dei dati da parte dei Comuni alla struttura regionale -

quindi 60 giorni dal ricevimento della scheda informativa – prevedendo altresì che trascorso inutilmente tale termine, l'amministrazione inadempiente incorre nelle limitazioni previste dall'art. 13 commi 1,2,3,4,5, inibendo o limitando fortemente, fatte salve le deroghe previste, la nuova edificazione.

Il comma 6°, in coerenza con l'evoluzione normativa e sulla base dei lavori dell'osservatorio della pianificazione territoriale ed urbanistica[19] prevede la possibilità di revisione della quantità massima di suolo consumabile, operazione in capo alla Giunta Regionale che è chiamata

---

18 Art. 16 - Consiglio delle autonomie locali.
    1. Il Consiglio delle autonomie locali è organo di rappresentanza degli enti locali, di consultazione e cooperazione tra gli stessi e gli organi della Regione.
19 Si veda l'interessante analisi seppur datata al 2006 sull'evoluzione del suolo in occasione del PTRC

ad una attività di monitoraggio almeno quinquennale in considerazione della notevole "velocità" di modificazione del territorio veneto.[20] Il comma 7° riserva alla Giunta Regionale l'eventuale possibilità di modifica della scheda operativa di cui all'allegato A).

L'articolo 9 esordisce con una dichiarazione di volontà; si ribadisce infatti che la qualità architettonica, si ottiene mediante la progettazione attenta alle esigenze di "*di carattere funzionale, formale, paesaggistico, ambientale e sociale poste alla base dell'ideazione e della realizzazione dell'opera, garantisca l'armonico inserimento dell'intervento nel contesto urbano o extraurbano, contribuendo al miglioramento dei livelli di vivibilità, fruibilità, sicurezza, decoro e garantendone il mantenimento nel tempo*".

Già da questo primo comma si mette in evidenza la necessità di un cambio di scala; si sposta l'attenzione dal piano urbanistico a scala più o meno grande all'oggetto architettonico che compone il tessuto urbanistico di una città.

Il ruolo di promozione di questa visione puntuale del territorio viene assunto dalla Giunta Regionale che già nel comma secondo si assume l'onere dell'indicazione di intenti e linee di progettazione sia a scala comunale che sovracomunale in aderenza del principio generale che il consumo del suolo zero passa necessariamente sul riuso/riutilizzo del costruito.

I punti da a) a f) raccolgono una serie di indicazioni già presenti sia nella normativa regionale (L.R.11/2004) che di carattere nazionale; giova a tal riguardo il lavoro fatto dal legislatore regionale che ha

---

20 Sull'uso delle varianti urbanistiche come elemento di pianificazione territoriale si veda pag 104,105 di "La Città Metropolitana di Venezia " ed. Supernova, anno 2016

raccolto sistematicamente le indicazioni sparse all'interno di normative diverse.

Particolare attenzione deve essere posta al punto b) quando si parla di incentivazione dell'edilizia sostenibile in relazione alla Legge Regionale n. 4 del 9 marzo 2007[21] ha dettato delle linee di indirizzo importanti e particolarmente significative specialmente nella redazione dei vari regolamenti edilizi comunali con l'apertura a forme di incentivazione economica o volumetrica premiante qualora si utilizzino materiali o forme di progettazione sostenibili.

Questa visione, confermata dal disposto della lettera c), ha dato la possibilità a molte amministrazioni comunali di approntare degli strumenti urbanistici attuativi o dei regolamenti edilizi comunali con visione ecologica e sostenibile.

La stessa legislazione regionale, in vari forme e in vari momenti– esempio chiarificatore può essere lo stesso art. 7 comma 2° della L.R. 14/2009 cosi come integrata dalla L.R. 32/2013 ove si parla di esenzione del contributo di costruzione per interventi che utilizzino fonti di energia rinnovabili – questo principio spingendo e in alcuni casi obbligando all'utilizzo di energie da fonti rinnovabili.[22]

Il comma 4° prevede ulteriori forme di incentivazione a favore dei comuni che prevedono azioni per la realizzazione di interventi di rigenerazione urbana e di recupero dei terreni agricoli incolti o abbandonati; con le stesse modalità viene prevista una forma incentivanti ai privati che intervengono per la riqualificazione di edifici dismessi posti in zona agricola.

---

21 Si vedano i contenuti dell'art. 2 della L.R. 4/2007
22 Vi veda il contenuto dell'art. 13 della l.r. 31/2013 c.d. "Piano Casa ter"

Pur non analizzando le forme tramite le quali i Comuni possono farsi portatori di azioni di recupero di sviluppo di aree degradate[23] particolarmente interessante risulta l'apertura della Legge Regionale verso il recupero di di edifici dismessi in zona agricola prevenendo l'abbattimento di fabbricati incongrui o dismessi.

L'affermazione è chiaramente di principio. Bisogna quindi coniugare questa volontà con interventi e incentivi operativi e di facile realizzazione.

Si ritiene che le operazioni di identificazione e classificazione urbanistica dei fabbricati siano propedeutiche alle azioni di recupero o demolizione degli immobili compromessi; la classificazione può avvenire tramite l'indicazione dei fabbricati a livello di P.I collegando poi, tramite scheda specifica, la quantificazione dell'intervento al Regolamento Edilizio (o Norme Tecniche Operative) con indicazione specifica di incentivi o premi volumetrici.

Come ben spiegato e previsto dall'art. 36 della L.R. 11/2004 si ritene che, nel caso di impossibilità di ricollocazione del volume demolito ovviamente legittimamente assentito, per queste operazioni di riqualificazione territoriale sia chiaramente applicabile il concetto di "credito edilizio" previsto appunto da questa norma.[24]

---

23 Per le forme di co-partecipazione alla progettazione urbanistica si vedano gli art. 5,6,7 della L.R. 11/2004

24 L.11/2004 Art. 36 – Riqualificazione ambientale e credito edilizio.

Il comune nell'ambito del piano di assetto del territorio (PAT) individua le eventuali opere incongrue, gli elementi di degrado, gli interventi di miglioramento della qualità urbana e di riordino della zona agricola definendo gli obiettivi di ripristino e di riqualificazione urbanistica, paesaggistica, architettonica, energetica, idraulica e ambientale del territorio che si intendono realizzare e gli indirizzi e le direttive relativi agli interventi da attuare.

2. Il comune con il piano degli interventi (PI) disciplina gli interventi di trasformazione da realizzare per conseguire gli obiettivi di cui al comma 1.

3. La demolizione delle opere incongrue, l'eliminazione degli elementi di degrado, o la realizzazione degli interventi di miglioramento della qualità urbana, paesaggistica, architettonica, energetica, idraulica e ambientale di cui al comma 1, e gli interventi di

Bisogna ricordare però che l'operazione di identificazione deve avvenire a livello di Piano degli Interventi e devono contestualmente prevedere l'istituzione di un apposito registro ove annotare la potenzialità edificatoria e prevederne l'eventuale spostamento.

Per le attività di recupero di del suolo a destinazione agricola pare interessante la possibilità di stipula di convenzioni specifiche tra la pubblica amministrazione e imprenditori agricoli per la manutenzione, anche idraulica del territorio. Tale possibilità vine normata dall'art. 15 del Dlgs. 18 maggio 2008[25] ed ha trovato già applicazione in varie amministrazioni comunali grazie alla facilità di applicazione e l'immediata esecutività.

---

riordino delle zone agricole di cui al comma 5 bis, determinano un credito edilizio.
4. Per credito edilizio si intende una capacità edificatoria riconosciuta a seguito della realizzazione degli interventi di cui al comma 3 ovvero a seguito delle compensazioni di cui all'articolo 37. I crediti edilizi sono annotati nel Registro Comunale Elettronico dei Crediti Edilizi (RECRED) di cui all'articolo 17, comma 5, lettera e), e sono liberamente commerciabili. Il PI individua e disciplina gli ambiti in cui è consentito l'utilizzo dei crediti edilizi, mediante l'attribuzione di indici di edificabilità differenziati, ovvero di previsioni edificatorie localizzate, in funzione degli obiettivi di cui al comma 1, ovvero delle compensazioni di cui all'articolo 37, nel rispetto dei parametri e dei limiti di cui all'articolo 13, comma 1, lettera k).
5. Salvi i casi in cui sia intervenuta la sanatoria secondo la normativa vigente, le opere, realizzate in violazione di norme di legge o di prescrizioni di strumenti di pianificazione territoriale e urbanistica ovvero realizzate in assenza o in difformità dai titoli abilitativi, non possono dar luogo al riconoscimento del credito edilizio.

25 D.Lgs. nr. 228 del 18 maggio 2001 art. 15 "Convenzioni con le pubbliche amministrazioni 1. Al fine di favorire lo svolgimento di attività' funzionali alla sistemazione ed alla manutenzione del territorio, alla salvaguardia del paesaggio agrario e forestale, alla cura ed al mantenimento dell'assetto idrogeologico e di promuovere prestazioni a favore della tutela delle vocazioni produttive del territorio, le pubbliche amministrazioni ((, ivi compresi i consorzi di bonifica,)) possono stipulare convenzioni con gli imprenditori agricoli. 2. Le convenzioni di cui al comma 1 definiscono le prestazioni delle pubbliche amministrazioni che possono consistere, nel rispetto degli Orientamenti comunitari in materia di aiuti di Stato all'agricoltura anche in finanziamenti, concessioni amministrative, riduzioni tariffarie o realizzazione di opere pubbliche. Per le predette finalità' le pubbliche amministrazioni, in deroga alle norme vigenti, possono stipulare contratti d'appalto con gli imprenditori agricoli di importo annuale non superiore a 50.000 euro nel caso di imprenditori singoli, e a 300.000 euro nel caso di imprenditori in forma associata. "

Il recupero di edifici dismessi in zona agricola rappresenta sicuramente una forte opportunità per tutte quella amministrazioni comunali che fanno del territorio un elemento di qualificazione dell'offerta turistica nell'accezione più ampia del termine; molte sono le possibilità sia in termini di turismo enogastronomico (Bed&Breakfast, ristoranti tipici e locali) che culturale con il nuovo concetto di museo diffuso nel territorio.

RIQUALIFICAZIONE EDILIZIA, AMBIENTALE E URBANA

di Anna Fabris

"La crisi attuale non dipende, come quella che s'è manifestata in altri momenti storici, dalla mancanza di idee; è una crisi che dipende dalla difficoltà, e non solo in architettura, di risolvere in poche idee forti le molte, moltissime, troppe idee deboli che circolano, e circolano a pieno diritto, proprio per le contraddizioni numerose che caratterizzano questa fase critica della cultura, passata troppo repentinamente dalle dimensioni locali, nazionali o continentali alle dimensioni mondiali, globali, d'una umanità e d'una civiltà eterogenea, nelle manifestazioni, come nei problemi."

Così Ludovico Quaroni in Progettare un edificio, definisce il nostro tempo, epoca di dissonanze e disarmonie, dove la caotica sovrapposizione di informazioni crea crisi anziché portare al progresso, dove l'integrazione urbana viene perpetrata senza tener conto della natura morfologica e tipologica della realtà in cui si inserisce.

In questo contesto farraginoso, la Legge Regionale 14 del 16 Giugno 2017, soprattutto per quanto concerne gli articoli 5, riqualificazione edilizia ed ambientale e l'articolo 6, riqualificazione urbana, sottolinea la tendenza a rivalutare il territorio dal punto di vista sia edilizio che ambientale, anche eliminando edifici o situazioni di degrado che siano incongrue o non in sintonia con il contesto circostante.

Una legge che specifica le caratteristiche di intervento volte a una sensibilità nei confronti del territorio, rivolgendo particolare attenzione alla preesistenza, spesso requisito imprescindibile per un efficace inserimento dell'oggetto architettonico di nuova realizzazione, per il recupero e la riqualificazione del costruito preesistente o per la rivalutazione dell'assetto urbano concepito come somma di frammenti compositivi.

Questa legge tende a premiare interventi che accolgano la possibilità di sensibilizzare la progettazione a un'attenta elaborazione e conseguente inserimento dell'intervento progettuale, evitando così situazioni per le quali vengano realizzate opere architettoniche senza essere sufficientemente valutate, al fine di un'integrazione armoniosa nell'assetto urbano.

Si suggerisce il perseguimento di interventi che vadano nel senso di un recupero e di una riqualificazione del contesto, qualora fosse considerato da modificarsi per la presenza di elementi estranei o incongrui, per cui anche la demolizione di edifici oggetto di questa riflessione possa indurre un recupero della volumetria in altra situazione di contesto urbano proprio, ovvero con interventi nuovi contestualizzati, premiando l'operazione con una maggiorazione di volume o di superficie utile, per il recupero di un tessuto edilizio e anche di situazioni non costruite, ma di pregio ambientale.

La riqualificazione urbana, trattata nell'articolo 6, presuppone un livello superiore di intervento, più vasto, in quanto prende in esame situazioni urbane di aree più estese. Per tale estensione planimetrica, l'attenzione nel recupero di queste aree andrà visto attraverso specifici piani urbanistici attuativi che mettano in gioco tutte le costruzioni esistenti, eventualmente da demolire, o recuperare volumetricamente secondo altre soluzioni, più in linea con il pensiero contemporaneo.

Innovativo risulta l'approccio con gli enti pubblici, che mira a sottolineare quanto non si tratti di libera edilizia, ma di un'edilizia che va opportunamente concordata con l'amministrazione: accordi di programma di cui art.6 L.R. 11/04.

Preponderante è anche la tendenza a convertire o correggere aree o lotti o zone più vaste che siano compromesse dal punto di vista ambientale, idraulico, della sicurezza geologica, per riportarle a una situazione ambientale confacente e rispondente ai parametri accettabili.

Il contesto normativo risulta essere di grande interesse, nella logica di una tanto conclamata possibilità di azioni edilizio-urbanistiche condotte in sintonia fra soggetti privati ed ente pubblico, per il raggiungimento di un beneficio reciproco che veda risolti e "risanati" pezzi di città, secondo gli ambiti canoni della sostenibilità: di modalità costruttiva, di qualità compositivo-architettonica e, in ultima analisi, di recupero sociale.

Le periferie delle nostre città, piccole o grandi, registrano le più pressanti aspettative in questo senso, come lo confermano tangibilmente le iniziative condotte dall'architetto Renzo Piano e dalla sua équipe di lavoro, tese, spesso su incarico del governo, a un'indagine di riqualificazione profonda ma non invasiva.

La sfida sul tema resta sicuramente quella di mettere a regime le procedure che la legislazione consente, anche sufficientemente idonee (su tutte, l'istituto della Conferenza di Servizi, ultimamente proposta dalla Legge Madia), ma che devono trovare nei funzionari e/o dipendenti pubblici il traino risolutivo e veloce, per non vanificare l'entusiasmo imprenditoriale che il privato esercita, ma che, il doloroso prolungarsi dei tempi burocratici di concretizzazione, spesso respinge e soffoca.

LINEAMENTI E CRITICITA' DEL RIUSO TEMPORANEO

di Paolo Mazzuccato

L'art. 8 della legge regionale n. 14 del 6/6/2017, partendo dall'obiettivo dichiarato di "*evitare il consumo di suolo e favorire la riqualificazione, il recupero e il riuso dell'edificato esistente*", attribuisce al comune la possibilità di consentire, a determinate condizioni, "*l'uso temporaneo di volumi dismessi o inutilizzati*"; viene introdotto un nuovo procedimento direi "edilizio", che di fatto potrebbe avvenire in "deroga", in contrasto con la pianificazione urbanistica, potendo il riuso essere autorizzato (e l'esercizio dell'attività che ne consegue essere esercitata), anche "*nel caso in cui l'uso richiesto sia diverso dal precedente o da quello previsto dallo strumento urbanistico*".

È una possibile deroga alla pianificazione urbanistica, che persegue più interessi pubblici generali, da quello di evitare ulteriore consumo di suolo, inteso come risorsa della collettività per le funzioni ambientali ed ecosistemiche che esso svolge, al tentativo di dare una risposta alla crisi del settore edilizio, che ha visto negli ultimi anni molte aziende nel Veneto, fallire o cessare l'attività.

Un altro interesse atteso è senz'altro quello di migliorare la qualità del paesaggio, dove sono purtroppo presenti molteplici edifici abbandonati, non utilizzati, che proprio per tale condizione, costituiscono elementi di degrado, incongrui con il territorio; se un edificio torna ad essere utilizzato, con funzioni coerenti e compatibili con il contesto di riferimento, allora il beneficio non è solo per l'imprenditore e/o per l'avente titolo, ma una parte di questo beneficio viene immessa anche nel circuito economico della collettività (si pensi ad esempio all'occupazione, alla qualità recuperata dell'immobile e così via).

Nel quadro normativo nazionale e regionale sono presenti vari istituti di deroga, da quello dello *sportello unico delle attività produttive*[26] a quello del *testo unico dell'edilizia*[27]; entrambi presuppongono una valutazione dell'organo consiliare comunale, volta all'accertamento e perseguimento di un interesse pubblico.

Nel primo caso l'interesse consiste anche nell'esigenza di semplificazione delle procedure amministrative per la pubblica amministrazione e le imprese, nelle positive ricadute sul mercato del lavoro e, non da ultimo, perché negarlo, anche nel *contributo straordinario*[28], che dovrebbe essere destinato, una volta entrato nelle casse comunali, ad interventi per finalità collettive; nell'altro caso è insito nell'oggetto della deroga, che riguarda esclusivamente gli edifici ed impianti pubblici o di interesse pubblico (quindi eventualmente anche privati), che il consiglio comunale riconosce e ratifica come tali, nonché nella corresponsione del citato contributo straordinario e negli interventi conseguenti.

La deroga, avendo natura eccezionale rispetto alla regola dettata dalla pianificazione urbanistica, deve essere applicata ed attuata in coerenza con gli obiettivi perseguiti dalla norma, ma con l'attenzione e lo scrupolo imposto da una stretta e rigorosa interpretazione della stessa. Dalla lettura della norma emerge che il riuso:

---

26 Legge regionale 31/12/2012 n. 55, art. 3,
27 Decreto Presidente della Repubblica 6/6/2001 n. 380, art. 14;
28 D.P.R. 6/6/2001 n. 380, art. 16, c. 4, lett. d-ter;

- può essere autorizzato solo per finalità temporanee e per una sola volta, con durata massima di tre anni dall'agibilità, eventualmente prorogabile di altri due;

- è ammesso esclusivamente se interessa "volumi dismessi o inutilizzati";

- può riguardare solamente fabbricati ubicati in zona diversa da quello agricola;

- non può comportare l'esercizio di qualsiasi utilizzo ricettivo;

- è disciplinato da una convenzione tra il Comune e gli aventi titolo (proprietario dell'immobile, eventuale conduttore, ecc.), che deve essere preventivamente approvata dal consiglio comunale.

Il procedimento è attivato ad iniziativa dei proprietari o dei soggetti aventi titolo ed è connotato da un notevole margine di discrezionalità, da parte del comune, che con apposita deliberazione potrà approvare il progetto di riuso, previa valutazione del rispetto delle normative in materia di sicurezza negli ambienti di lavoro, di tutela della salute e della incolumità pubblica, nonché delle norme igienico sanitarie e dell'ordine pubblico; con la stessa deliberazione sarà approvato anche lo schema della convenzione tra comune e aventi titolo, la cui sottoscrizione costituirà condizione per la formale autorizzazione di riuso dell'immobile.

La convenzione dovrà stabilire, obbligatoriamente, le condizioni per il rilascio degli immobili alla scadenza del termine deliberato, le sanzioni a carico dei soggetti inadempienti, l'idoneità e funzionalità delle dotazioni territoriali e infrastrutturali in relazione all'uso temporaneo ammesso; caso per caso potranno essere decise ulteriori condizioni e modalità necessarie per evitare il consumo di suolo e favorire la riqualificazione, il recupero e il riuso dell'immobile esistente. È infine rimessa all'accordo tra le parti la previsione di eventuali incentivi, compresi quelle di natura contributiva, qualora l'immobile privato venga messo a disposizione del comune.

L'apparente semplicità della norma, in relazione agli obiettivi e scopi perseguiti dal legislatore, potrebbe però portare ad applicazioni concrete che ne rendano vani gli effetti ovvero che portino ad eludere le regole alle quali deve comunque sottostare la gestione del territorio.

In effetti il riuso temporaneo è ammesso per volumi (fabbricati) dismessi o inutilizzati, che dovranno risultare muniti di titolo abilitativo ed essere legittimi sotto il profilo edilizio-urbanistico; le ragioni della dismissione o del non utilizzo possono essere molteplici, connesse a vicende del proprietario, dell'azienda (crisi economica, fallimento, ecc.) ovvero legate allo stato in cui versa l'edificio (di rovina o di inadeguatezza igienico-sanitaria, strutturale, impiantistica, ecc.). Per riportare l'immobile ad uno stato di efficienza normale, funzionale al nuovo uso, potrebbero pertanto essere necessari anche interventi edilizi di ordinaria o straordinaria manutenzione ovvero di ristrutturazione; è ragionevole però prevedere che saranno più ambiti quegli immobili che presentino migliori condizioni di manutenzione, in quanto, richiedendo minori investimenti in opere edilizie e/o impiantistiche, garantiranno una migliore sostenibilità economica dell'attività che l'imprenditore intenderà esercitare (in ogni caso, comunque, per un periodo massimo di cinque anni). La disposizione regionale ribadisce ai commi 3, 4 e 5 che il comune autorizza il solo riuso dell'immobile, anche in deroga alla pianificazione locale; non si riscontra però nella stessa una espressa deroga anche per le opere edilizie, che potrebbero rendersi necessarie per consentire l'effettivo riuso dell'edificio. Il tema è quello della conformità dell'intervento edilizio rispetto alla disciplina dettata dallo strumento urbanistico generale; pensiamo all'ipotesi di un immobile produttivo, dismesso e non utilizzato, collocato in una zona residenziale e per il quale il Piano degli Interventi preveda l'obbligo del trasferimento in altra sede.

In tali casi, in genere, lo strumento urbanistico ammette solo interventi di manutenzione ordinaria, escludendo interventi edilizi di straordinaria manutenzione o di ristrutturazione (che andrebbero a consolidare una situazione di incompatibilità con l'assetto dei luoghi stabilito dalla pianificazione locale); seguendo le ordinarie procedure del testo unico dell'edilizia, l'interessato non potrebbe presentare né una comunicazione di inizio lavori asseverata (CILA) né una segnalazione certificata di inizio attività (SCIA), mancando appunto la conformità dell'intervento edilizio alla disciplina urbanistica locale vigente (richiesta dalle relative disposizioni del DPR 380/2001, rispettivamente gli articoli 6 bis e 22). L'avente titolo potrebbe in effetti essere stimolato dalla disposizione in esame, in quanto foriera di un possibile ritorno economico connesso alla nuova attività, esercitabile temporaneamente, magari nelle more dell'avvio di processi di riqualificazione definitiva, che richiedono investimenti più consistenti. Ci si chiede, in particolare, se le opere edilizie, propedeutiche e funzionali all'intervento di riuso temporaneo, possano essere attuate in presenza di un contrasto con la norma urbanistica locale; esaminando l'art. 8 in esame, esso infatti ammette certamente un uso diverso rispetto a quello previsto dallo strumento urbanistico, ma null'altro è precisato circa la derogabilità degli altri aspetti stabiliti dalla pianificazione locale. Paraddosalmente, banali interventi edilizi di manutenzione straordinaria, in contrasto con le previsioni urbanistiche locali, non potrebbero essere avviati mediante cila, tanto più perché sarebbero finalizzati e funzionali ad un "cambio d'uso", anche se attuato temporaneamente.

A livello nazionale l'intervento edilizio funzionale e preordinato al cambio d'uso, risulta in genere assoggettato a permesso di costruire, tranne gli interventi di restauro[29] a ciò preordinati, che rientrano invece nel campo della cila o della scia, a seconda della loro entità ed incidenza strutturale; la norma di cui all'articolo 8 mi sembrerebbe, per la sua formulazione, più facilmente accostabile alla casistica a suo tempo disciplinata dall'articolo 76 della legge regionale n. 61 del 1985, in materia di autorizzazione edilizia per mutamento di destinazione d'uso degli immobili, senza opere a ciò preordinate (con la eventuale deroga circa il nuovo uso).

Una tesi contraria potrebbe sostenere che, in ogni caso, decorsi i cinque anni le opere sarebbero rimosse, tanto più qualora nella convenzione vengano previste garanzie economiche, relative liberatorie e penali con il dichiarato scopo di rimuovere quelle opere "temporaneamente realizzate", funzionali al riuso; l'inerzia porterebbe dunque a gestire le opere realizzate alla stregua di abusi edilizi (per la loro conseguente eliminazione).

---

[29] vedasi al riguardo le recenti modifiche apportate dall'art. 65-bis della legge 21/6/2017 n. 96, alla definizione di restauro di cui all'articolo 3 del DPR 380/2001;

È utile però ricordare che anche in presenza di *"opere dirette a soddisfare obiettive esigenze contingenti e temporanee e ad essere immediatamente rimosse al cessare della necessità e, comunque, entro un termine non superiore a novanta giorni"* (e non cinque anni!), classificate quale attività edilizia libera[30] (e quindi realizzabili senza alcun titolo abilitativo), è richiesto il rispetto delle prescrizioni degli strumenti urbanistici comunali; il che farebbe ritenere che tale requisito sia necessario anche per le opere edilizie, propedeutiche e funzionali al riuso degli immobili, disciplinato dalla legislazione veneta, con durata temporanea ben più lunga della norma nazionale.

Il ragionamento di cui sopra induce, a mio avviso, ad un comportamento prudente da parte del comune, distinguendo tra la gestione degli interventi edilizi e la valutazione del riuso; mentre quest'ultimo può essere autorizzato anche qualora non conforme alla strumentazione urbanistica locale, non sembrerebbero ammissibili interventi edilizi, non conformi alla disciplina urbanistica comunale, che aggraverebbero il contrasto con la pianificazione e presumibilmente non sarebbero neanche di facile successiva amovibilità. Come detto il riuso temporaneo potrà interessare esclusivamente volumi dismessi o inutilizzati, purché ubicati in zona diversa da quella agricola; il tenore letterale esclude il riuso temporaneo di aree, se non quelle eventualmente di pertinenza del volume oggetto del riuso, sempre che nell'area non vengano comunque realizzate opere in contrasto con la pianificazione urbanistica locale. Lo stesso ragionamento proposto per gli interventi edilizi appare in effetti valido e proponibile anche per le eventuali

---

30 art. 6 DPR 380/2001;

opere edilizie da realizzare sull'area di pertinenza dell'immobile; ricorrendone le condizioni e i presupposti, una soluzione operativa, per giungere ad un effettivo riuso dell'immobile, potrebbe essere il procedere ai sensi dell'art. 14 del testo unico dell'edilizia o dell'art. 3 della LR 55/2012, tramite quindi un permesso di costruire in deroga, ma in quel caso entrerebbero in gioco sia le questioni del contributo di costruzione[31] che quelle del contributo straordinario[32].

È presumibile che, per evitare contenziosi, il comune agisca nel campo proprio della convenzione, esercitando il proprio potere mediante motivata deliberazione del consiglio comunale, avvalendosi della valutazione "discrezionale" se autorizzare o meno il diverso uso, sulla base del caso specifico, in relazione al contesto ove ricade, agli interessi in gioco e sottesi.

Proviamo adesso ad analizzare un intervento di riuso temporaneo di un immobile inutilizzato, che risulti assoggettato a vincoli (idraulico, paesaggistico, monumentale, stradale, ecc.); se sono previste opere edilizie, dovrà essere ovviamente acquisita la relativa autorizzazione dell'ente preposto alla tutela del vincolo di cui trattasi.

Anche in assenza di opere edilizie risulterà, in qualche caso, necessario acquisire l'autorizzazione dell'ente competente; si pensi agli immobili definiti beni culturali dal codice Urbani[33], per i quali la competente Soprintendenza ai Monumenti dovrà valutare se il nuovo uso, ancorché temporaneo, sia o meno compatibile con il vincolo gravante sull'immobile interessato dal riuso stesso.

---

31 articolo 16 del D.P.R. n. 380/2001;
32 articolo 16, comma 4, lettera d-ter del D.P.R. n. 380/2001;
33 decreto legislativo 22/1/2004 n. 42;

Un altro aspetto interessante della disposizione è contenuto al terzo comma, il quale, per un periodo massimo di cinque anni, consente l'uso temporaneo di un immobile anche qualora il nuovo utilizzo, diverso dal precedente, fosse compatibile con lo strumento urbanistico comunale; esso costituisce una modalità di "cambio d'uso", alternativa a quello ordinario, soggetto come detto a permesso di costruire (e che comporterebbe la corresponsione del contributo di costruzione, qualora il nuovo uso implichi un aumento del carico urbanistico[34]).

L'autorizzazione del progetto di riuso temporaneo è invece gratuita, sia per la "provvisorietà" della trasformazione edilizia che per la mancanza dei presupposti normativi, stabiliti dal testo unico dell'edilizia; diversi sono i due procedimenti (l'uno temporaneo, l'altro a regime), diversi sono i titoli (permesso di costruire e autorizzazione), ma nei cinque anni di esercizio dell'attività le ricadute indotte dalla stessa, in termini di carico urbanistico, appaiono le stesse.

La domanda di riuso temporaneo potrebbe pertanto essere avanzata dalle imprese, su immobili inutilizzati, momentaneamente sfitti, anche semplicemente per conseguire un risparmio, una sorta di bonus, rispetto al contributo da versare; si pensi ad esempio al riuso commerciale di un immobile in precedenza utilizzato per usi abitativi o produttivi, dove l'aumento del carico urbanistico e

---

34 il carico urbanistico è l'effetto prodotto da un insediamento, su di un determinato territorio; è valutabile in termini di domanda e necessità di strutture ed opere collettive ed è strettamente collegato all'uso e all'entità della trasformazione attuata o da attuare. Per far fronte all'aumento del carico urbanistico, gli oneri di urbanizzazione vengono corrisposti dal titolare del permesso di costruire, a titolo di partecipazione ai costi delle opere di urbanizzazione a carico del Comune;

l'incidenza della nuova attività nei confronti del contesto sono evidenti.

L'accoglimento della domanda si tradurrebbe per il comune in un mancato introito del contributo di costruzione, conseguente al cambio d'uso, che sarebbe versato qualora venisse seguita l'ordinaria procedura del permesso di costruire.

Viene da chiedersi se, vista la discrezionalità insita nella decisione del comune, il mancato assoggettamento al versamento del contributo di costruzione possa costituire, in questi casi, un freno al rilascio dell'autorizzazione comunale, soprattutto qualora, tramite la convenzione, non vengano pattuiti accordi forieri di interessi pubblici per il comune; il diniego, motivato, potrebbe indurre l'interessato a seguire il procedimento ordinario, nel qual caso, oltre al contributo di costruzione, potrebbero scattare le condizioni in presenza delle quali si verifica anche l'obbligo del versamento del contributo straordinario.

In merito agli usi consentiti, la norma non pone limiti, escluso tassativamente quello finalizzato all'attività ricettiva, potendo come detto, il riuso, essere anche non conforme allo strumento urbanistico comunale; vengono definite alcune priorità privilegiando progetti che sviluppino l'interazione tra la creatività, l'innovazione, la formazione e la produzione culturale in tutte le sue forme, creando opportunità di impresa e di occupazione, start up.

Il raggiungimento degli obiettivi perseguiti dal legislatore sembra inevitabilmente passare attraverso la convenzione che dovrà essere approvata dal consiglio comunale e che contiene, come detto, evidenti margini di discrezionalità; ferme restando le valutazioni tecniche di natura edilizia (conformità dell'immobile alle disposizioni in materia di ambienti di lavoro, di tutela della salute, della incolumità pubblica, delle norme igienico sanitarie, dell'ordine pubblico) e urbanistica (compatibilità del nuovo uso con il contesto di insediamento), punti critici che la convenzione dovrà affrontare sono:

- le condizioni per la cessazione dell'utilizzo alla scadenza del termine fissato (e le relative garanzie, anche economiche in caso di inadempienza dell'avente titolo);

- le sanzioni a carico dei soggetti inadempienti, anche per la rimozione del cambio d'uso ovvero per la sospensione dell'attività (qualora non cessati alla scadenza del termine);

- le eventuali misure di incentivazione (anche di natura contributiva), nel caso di immobili privati messi a disposizione del comune;

- le altre condizioni e modalità necessarie a garantire il raggiungimento delle finalità perseguite dalla legge, in funzione degli interessi privati e pubblici coinvolti (p.e. incrementi occupazionali, agevolazioni per il comune, adeguamenti dei servizi, ecc.).

Per ragioni di trasparenza e di corretto agire della pubblica amministrazione, appare opportuna l'adozione da parte del comune di una preventiva deliberazione regolamentare (o norma urbanistica di piano) che costituisca approfondimento e dettaglio della disposizione regionale, che illustri e indichi gli interessi pubblici perseguiti dal comune, in relazione alla realtà e alle esigenze della comunità locale.

La durata del riuso è fissata nel termine massimo di cinque anni dall'agibilità, il cui procedimento è oggi regolato dalla segnalazione certificata di agibilità disciplinata dall'art. 24 del DPR 380/2001; la verifica circa la necessità o meno dell'attestazione di agibilità degli immobili oggetto dell'intervento di riuso è ora di fatto demandata alla certificazione del professionista incaricato. Una lettura veloce potrebbe far escludere l'attivazione del procedimento di agibilità nel caso di un intervento edilizio di entità limitata o lieve; la disposizione regionale[35], nella parte in cui richiede la valutazione circa la conformità del nuovo uso rispetto alle condizioni di agibilità dell'edificio, nonché l'espresso richiamo del comma 3, induce invece ad un attento esame della sussistenza e della permanenza delle condizioni di agibilità degli edifici, come richieste dal comma 1 dell'articolo 24 del DPR 380/2001, tanto più perché verrebbero riutilizzati, secondo nuovi e diversi standard tecnologici, edifici magari dismessi da tempo.Il riuso e l'esercizio dell'attività, ancorché limitati temporalmente, possono comportare anche la necessità di regolarizzare profili diversi da quelli edilizi, quali ad esempio, l'aggiornamento catastale per effetto del nuovo uso, le segnalazioni certificate in materia di commercio, le imposte in materia di i.m.u.[36] (qualora non costituenti incentivo contributivo in sede di convenzione), le autorizzazioni di tipo igienico-sanitario, ecc.

Lo strumento del riuso temporaneo, con qualche correttivo (e forse con maggiore difficoltà burocratica) , dovrebbe a mio avviso riguardare anche i volumi, dismessi o inutilizzati, di proprietà

---

35 art. 8, comma 4, lettera a);
36 imposta municipale unica introdotta dall'art. 13 del Decreto Legge del 6 dicembre 2011, n. 201, convertito con modificazioni dalla Legge 22 dicembre 2011, n. 214;

pubblica, per le motivazioni che già sostengono gli interventi che interessano la proprietà privata; inoltre l'obiettivo dovrebbe essere (sia per gli edifici privati che per quelli pubblici) il recupero definitivo dell'immobile, individuando strategie (e semplificazioni procedurali) per far si che il riuso, nella temporaneità, fruisca di agevolazioni affinché esso rappresenti una reale ed effettiva fase transitoria verso la riqualificazione definitiva del bene da recuperare (e non magari solo un escamotage finalizzato ad un risparmio nel breve periodo). In tale ottica è evidente l'importanza del ruolo esercitato dall'operatore pubblico, che oggi, in presenza di imprenditori disposti ad investire, dovrebbe essere più disponibile a modificare la propria pianificazione urbanistica, in presenza di evidenti interessi, anche pubblici; dal punto di vista del comune, è d'altro canto comprensibile la preoccupazione generata dal fatto che le entrate sono sempre minori, tanto più che i servizi da fornire e le richieste sociali dei cittadini, sono in continuo aumento. Basti pensare alla riduzione delle entrate nelle casse comunali, degli oneri di urbanizzazione, per effetto delle agevolazioni previste dal piano casa regionale[37]; in presenza di benefici esclusivamente privati, forse sarebbe opportuno che la Regione prevedesse forme, magari di entità ridotta, di corresponsione di contributi, da parte dell'avente titolo, idonei a compensare, almeno in parte, i costi che saranno sostenuti, nei cinque anni, dalla collettività per effetto del carico urbanistico conseguente al riuso temporaneo. L'ultimo comma dell'articolo 8 rappresenta una prima forma di censimento dei "Luoghi del Riuso", avviato mediante la pubblicazione sul sito internet comunale delle

---

37 legge regionale 8/7/2009 n. 14 e successive modifiche e/o integrazioni;

aree e dei volumi autorizzati al riuso temporaneo, con i progetti di riuso e le relative convenzioni; per un'efficace politica di contenimento del consumo di suolo bisognerebbe inoltre partire da una ricognizione degli immobili (aree e edifici), abbandonati, inutilizzati, degradati, di proprietà sia pubblica[38] che privata, che risultano esclusi dai processi economici della comunità locale. Con mirate azioni culturali volte a formare e sensibilizzare le istituzioni, i cittadini, le associazioni e i vari stakeholder sul tema, sarebbe facilmente[39] possibile acquisire un vero e proprio censimento dei luoghi e degli edifici abbandonati, sottratti alla città e al territorio, meritevoli di riqualificazione; il successivo coinvolgimento degli ordini professionali e delle università, innescherebbe studi e progetti per l'effettivo riuso delle aree e degli immobili, nell'intento di conseguire la rivitalizzazione e riqualificazione dei luoghi, degli spazi e della città stessa. Proviamo a pensare a quanti luoghi sono presenti nelle nostre città che sono ormai desueti; individueremo sicuramente svariate funzioni o usi: spazi civici, scuole, cinema, uffici, infrastrutture, negozi, poli commerciali, fabbriche, nuclei produttivi, residenze abbandonate, viadotti, ecc. L'attuazione sarebbe certamente condizionata dalla fattibilità e sostenibilità economica dell'operazione, che non potrà prescindere da benefici pubblici, sostegni e agevolazioni finanziari, anche con il coinvolgimento degli istituti bancari e mediante appropriate sinergie pubblico-private. Ogni attore coinvolto nel processo delle trasformazioni territoriali,

---

38 l'Agenzia del Demanio ha avviato EnTer, piattaforma informatica messa a disposizione delle pubbliche amministrazioni, per raccogliere e mettere in rete i dati sugli immobili pubblici, non utilizzati o ritenuti non strategici, con l'obiettivo di inserirli in progetti di recupero e valorizzazione;
39 basterebbe una macchina fotografica, una casella di posta elettronica, un modulo telematico.

deve svolgere il proprio ruolo, ma non si può assolutamente prescindere da una serie e corretta sinergia tra le istituzioni pubbliche e i soggetti privati; un'efficace azione comporta la necessità di addivenire a scelte di utilizzo e riuso, anche temporaneo, ma necessariamente condiviso attraverso il reale coinvolgimento, la partecipazione, la sensibilizzazione della popolazione e delle associazioni, senza strumentalizzazioni di parte.

DISPOSIZIONE TRANSITORIE E PROCEDURE DI ADEGUAMENTO DEGLI STRUMENTI COMUNALI

di Gianmaria Boscaro

Le disposizioni transitorie della legge regionale del Veneto sul consumo del suolo n. 14 del 2017, prevedono sin dal primo comma una statuizione netta e decisa che prevede che fino all'emanazione della delibera di Giunta regionale, "a) non è consentito consumo di suolo" e "b) non è consentita l'introduzione nei piani territoriali e urbanistici di nuove previsioni che comportino consumo di suolo".

Ovviamente tale disposizione, prevede delle deroghe dal momento che un blocco totale e repentino dell'attività urbanistica ed edilizia comporterebbe inevitabilmente una situazione di grave difficoltà per i privati e per gli enti territoriali. In primo luogo dal punto di vista della pianificazione urbanistica sono esclusi dall'ambito di applicazione della moratoria sul consumo suolo tutti quei piani e accordi il cui iter è già stato avviato al momento di entrata in vigore della legge. Vista tale esclusione nei mesi scorsi si è assistito a una vera e propria marcia a tappe forzate da parte dei Comuni per avviare iter urbanistici in modo da non veder paralizzata la propria attività pianificatoria con l'entrata in vigore della nuova normativa. Bisogna tra l'altro evidenziare come la norma sia volutamente elastica nella definizione di iter amministrativo avviato tanto da ricomprendere di fatto qualsiasi atto di qualsiasi organo Comunale (Giunta o Consiglio) che in qualche modo sia indice della volontà dell'Ente di iniziare una nuova attività pianificatoria .[40]

40Cfr. L'art. 13 comma 6 prevede addirittura che : " *Sono, altresì, fatti salvi gli accordi tra soggetti pubblici e privati, di cui all'articolo 6 della legge regionale 23 aprile 2004, n. 11, per i quali, alla data di entrata in*

Per quanto concerne poi il versante meramente edilizio, il secondo comma dell'art. 14 prevede una deroga del 30 % al divieto di consumo suolo. Sul punto è importante una precisa interpretazione normativa per determinare a cosa si riferisce il 30 % indicato dalla norma. Sicuramente non si tratta degli interventi nell'ambito di urbanizzazione consolidata, già di per sè fatta salva da ogni limitazione ex art. 12, nè tantomeno nuove pianificazioni escluse espressamente dai commi successivi. Il 30 % a disposizione dei Comuni riguarda quindi una duplice fattispecie, i piani il cui iter è in fase di approvazione o i piani urbanistici attuativi i cui ambiti sono già stati individuati. Tali disposizioni transitorie restano in vigore fino alle Delibera di Giunta Regionale che definisce la quantità di consumo suolo ammesso. Entro 180 giorni dalla pubblicazione nel BUR di tale Delibera i Comuni dovrano provvedere all'adeguamento degli strumenti urbanistici attraverso la procedura semplificata prevista dai commi 2,3,4,5 dello stesso art. 14. Quanto emerso in questa trattazione evidenzia che con tale normativa, se da una parte limita solo ipoteticamente, per ora, il consumo di suolo viste le numerose deleghe e e le ampie possibilità, dei mesi precedenti all'entrata in vigore della norma, per i Comuni di avviare iter pianificatori nuovi, dall'altra emerge chiaramente un nuovo ambito in cui la Regione entra direttamente e si impossessa dei procedimenti decisionali potendo limitare e influenzare , *pro futuro,* gli strumenti urbanistici comunali.

---

vigore della presente legge, sia già stata deliberata dalla giunta o dal consiglio comunale la dichiarazione di interesse pubblico [....] ". Sul punto bisogna evidenziare che la L.R. 11/2004 non prevede alcuna dichiarazione di pubblico interesse e con tale disposizione si deroga alla competenza del Consiglio Comunale in materia urbanistica. Basterebbe quindi una semplice, e veloce, dichiarazione di pubblico interesse in Giunta per far salvo un accordo pubblico privato che ancora non esiste e i cui contenuti sono, almeno in parte, sconosciuti.

PROGETTI DI PAESAGGIO COME PROGETTI URBANISTICI

di Claudio Aldegheri

Dovendo commentare la Legge regionale 14 del 6 giugno 2017 sul "Contenimento del consumo di suolo", nella parte riguardante il paesaggio, non vedo possibile alcun ragionamento, senza capire quanto conti la stessa definizione di paesaggio, inserita nella legislazione italiana, partendo proprio dalla Costituzione della Repubblica.

Negli ultimi anni, questa visione paesaggistica si è sviluppata più intensamente partendo proprio dalla Convenzione Europea del paesaggio, tenutasi a Firenze nel 2000. Successivamente, in Italia è stata emanata nel 2004 una importante legge, il Codice dei beni Culturali e del Paesaggio, che "tutela" il paesaggio come prescrive per l'appunto l'Art.9 della Costituzione. Ma la parte poco considerata di questo Codice, va ben oltre alla sola impostazione "vincolistica" e di conservazione data al paesaggio, perché nell'Art.131 si enuncia la possibilità di contemplare anche la "realizzazione di nuovi valori paesaggistici". E' proprio partendo da questa facoltà che sono state scritte queste note. Infatti si cercherà di sostenere che ogni presupposto di qualificazione del paesaggio non potrà assumere valore, senza che non si sia fatta prima una riflessione su ciò che ha comportato ed è stata l'urbanistica italiana nella visione dei territori. Una disciplina - quella urbanistica - nata due secoli fà, che negli ultimi anni presenta evidenti segni di stanchezza. Non a caso una legge come questa regionale che in altre parti di questo libro viene commentata, cerca oggi di recuperare il concetto di suolo considerandolo come un bene comune. Anche se questo concetto, dal punto di vista legislativo, arriva in ritardo e in piena crisi economica, vale la pena ricordare che questo ritardo non è solo legato a dover intervenire in situazioni fortemente consolidate di un territorio già "consumato", ma con una visione che - sono convinto e cercherò qui di sostenere con forza - si potrà avere solo superando il concetto stesso di urbanistica, per approdare a un più efficace principio di progetto del paesaggio.

PENSARE E CLASSIFICARE

Pensare e classificare "nuovi valori" paesaggistici non è facile.

Parlare quindi di binomio paesaggio-architettura potrebbe riflettere e significare - per esempio nelle diverse scale di progettazione - una nuova concezione dell'urbanistica, modificando la pratica d'intervento territoriale, verso una politica di maggiore sostenibilità ambientale.

Alla fine del 20° secolo ci sono state sicuramente delle importanti esperienze di progettazione con sperimentazioni teoriche, operative, innovative e stimolanti: da un lato l'interesse per la scena urbana nella progettazione dello spazio aperto. Il tentativo è stato quello di approdare a un'architettura del paesaggio, considerandola non solo come disciplina autonoma, nella tradizione della "landscape architecture", ma anche come strategia del progetto contemporaneo flessibile e adattabile alle circostanze, ai temi, alle vocazioni del territorio (geografico) e dell'ambiente (ecologico e antropologico); dall'altro, la ricerca di un'architettura come metafora del paesaggio, che sia in grado di esprimere e condensare, attraverso 'frammenti' architettonici, il carattere visivo e mentale di esso, trasfigurato con la pienezza dell'invenzione poetica e la forza evocativa del linguaggio all'interno del processo progettuale. Ma in entrambi i casi non si è ancora stati in grado di definire un chiaro approccio, con capacità di progetto, per risolvere effettivamente questa forte attenzione al "contesto" il cui valore specifico assume sempre più ruolo nel senso di ambiente (e quindi con i riflessi ecologici della sostenibilità) mantenendo l'idea che il luogo di quel progetto dovrà essere un posto ricco di occasioni spaziali dove stare. Ma proprio perché - come sostiene Bernard Tschumi nel progetto Downsview Park Toronto - "nel XXI secolo tutto è urbano anche nel mezzo della natura selvaggia", è fondamentale che nel nostro prossimo futuro ci si debba abituare a risultati urbani imprevisti (Charles Waldheim). Forse questa attuale non chiarezza su cosa sia effettivamente il "paesaggio" nel progetto che si pianifica per una concreta realizzazione, sconta una altrettanta "confusione" teorica nell'origine stessa di questa "idea" di spazio. Partendo proprio dall'etimologia della parola "paesaggio", scopriamo che nelle lingue Tedesca, Olandese e Inglese la radice di "paesaggio" è definita da "land" che sta a significare "porzione di territorio". Mentre nelle lingue Francese, Spagnolo e Italiano il termine "paesaggio" è un neo-logismo "recente" con significato di "rappresentazione"; la radice originaria è "paese", il luogo dove si abita. Questa rappresentazione, si avvicina perciò a una visione "culturale" legata quindi alle vicende artistiche della storia dell'arte, così come rappresentate da pittori Fiamminghi e Tedeschi tra i primi; successivamente da artisti Italiani e Inglesi. Il primo riferimento scritto all'idea di paesaggio in senso compiuto, risulta essere nel 1521 e riferito alle collezioni veneziane di pittori fiamminghi. Tutto questo fenomeno si sviluppò durante il Rinascimento italiano, oltre un secolo prima rispetto a quanto poi elaborato nel panorama della cultura inglese[41] . Ma tornando a Venezia, dalla fine del '600 in poi si sviluppò una modalità pittorica di rappresentazione del paesaggio con i

---

41 Si veda Charles Waldheim in Landscape as Urbanisme

cosiddetti "vedutisti veneti": i principali esponenti furono Canaletto, Guardi e Bellotto. Ma altri ancora e tra questi - Gianfrancesco Costa - svilupparono "altre" visioni. Fu infatti con la rappresentazione della "villa" che questi oltrepassarono il concetto della singola dimora, allargandosi di fatto alla rappresentazione di una sorta di "agglomerato urbano" nella campagna, chiamato proprio "villaggio", sinonimo di "paese" [42].

Anche secondo Camporesi, "nel '500 non si conosceva il paesaggio nel senso moderno del termine, bensì il paese, che corrispondeva grosso modo al nostro attuale territorio o, per i francesi, all'environnement, vale a dire un luogo o uno spazio visivo sotto il profilo delle sue caratteristiche fisiche e alla luce delle forme di popolamento umano e delle risorse economiche che gli appartengono in proprio".

Ma seguendo proprio questi "indizi" scopriamo che "l'uomo pone i primi segni di quello che diventerà il suo paesaggio: più propriamente di quella lunghissima sedimentazione di progetti, di fatiche, di costruzioni che ha impresso le sue impronte su ogni angolo del nostro pianeta". [43]

UNA VISIONE MODERNA DEL PAESAGGIO

Dobbiamo parlare quindi di un "moderno" progetto di "paesaggio" da realizzare nei nostri territori. Ma come possiamo definire il ruolo fondamentale che assumerà questo paesaggio? Ogni volta che si opera nei nostri territori, carichi di storia e di vincoli, ci troviamo a decidere con estrema difficoltà, perché - in fin dei conti - non è mai stato

---

42 Gianfrancesco Costa, scenografo, architetto, incisore e pittore, veneziano (1711-1773) uno dei principali esponenti di rappresentazioni urbane legate alla villa, ha segnato particolarmente l'idea del "villeggiare" (stare per vacanza) in villa, raffigurando la villa nel paesaggio come vero e proprio centro urbano; un'azienda dove vivevano e lavoravano decine di persone. Villa, quindi, come abbreviazione di villaggio che stava (e sta) per appunto a paese.
43 Piero Camporesi, Le belle contrade: nascita del paesaggio italiano, Garzanti, Milano, 1992

abbastanza chiarito esattamente da quale "paesaggio" di base si debba partire. Non è certamente un paesaggio "incontaminato"; al contrario per la storia di molti luoghi i paesaggi sono stati sempre originati da continue trasformazione territoriali funzionali. Si potrebbe forse parlare in generale del concetto di "panorama". Per aiutare questo nostro approccio, si può ricordare che tra le moderne vicende architettonico-urbanistiche, una certa idea di "panorama" la troviamo per esempio negli studi compiuti in America negli anni '70, dove vengono coniate definizioni quali "spazio-vasto" o anche il richiamo tecnico allo "spazio-scala". E' molto interessante che negli stessi anni, in Europa, progettisti legati all'architettura radicale avessero rivisto anch'essi l'idea di paesaggio. Tra Europa e America sono state evidenziate tre grandi "visioni moderne" del paesaggio nella città riferibili a: Broadracre City (1935-40) di Frank Lloyd Wright; New Regional Pattern (1945-49) di Ludwig Hibelseimer; Agronica (1993-94) di Andrea Branzi[44] (4). Il paesaggio in senso urbanistico, si può riassumere quindi nella fine dello scorso secolo in queste tre grandi esperienze, dopo aver maturato disciplinarmente altre esperienze con la Ville Radieuse (e la sua componente di "città giardino") o anche con i grandi svincoli stradali delle Highway - esempi che si snodano geograficamente tra Europa e America - progetti classificati e "visti" attraverso la "scala" dello spazio urbano. [45] Limitandoci a recuperare quindi solo un "metodo" operativo di classificazione (pensare/classificare, titolava una raccolta di testi letterari Georges Perec [46] abbiamo impostato queste note. L'obiettivo -

44 C. Waldheim, Landscape as Urbanisme, Princeton University Press, Princeton and Oxford (USA), 2016
45 B. Venturi, D.S.Brown, S. Izenour, Learning from Las Vegas, M.I.T. Press, Cambridge (Mass., USA) and London,1972
46 Georges Perec (1936-1982) esponente del OuLiPo, gruppo francese di scrittori e matematici. In questo suo ultimo libro, che raccoglie articoli scritti per giornali, Perec si interroga anche su come sistemare i suoi libri: in ordine alfabetico, per colore, una base

non tanto celato - è proprio quello di arrivare a definire un nuovo modo di contemplare un vasto spazio paesaggistico, cercando di classificarlo per riconoscerlo così com'è, con i suoi elementi: presenti, ovviamente passati, ma anche futuri. Ci dobbiamo porre l'obiettivo di arrivare a "coniare" un "nuovo" concetto paesaggistico, dove possano "coesistere" tradizione dei luoghi e innovazione spaziale.

ECOLOGIE PROIETTIVE

Anche la recente visione del concetto di "paesaggio" non può non tener conto della componente ecologista. Vari studiosi, testimoniano una nuova e importante visione della natura e delle implicazioni urbane che ne conseguono. Il fatto che queste "nuove" visioni accompagnino oggi il progetto del paesaggio, consolida la condizione che per valorizzare un progetto è assolutamente necessario che il contesto sia adeguatamente riqualificato. E nel caso del generale coinvolgimento naturale, questo dovrà essere parte viva e non più "scenario" o "fondale" del progetto architettonico. Ma insieme a ciò vanno conciliati anche l'aspetto infrastrutturale e la mobilità, con una sempre maggiore sensibilità verso l'ambiente. L'ecologia offre l'opportunità di entrare in un sistema operativo, trattando le pratiche urbanistiche come paesaggio: questo perché si è obbligati a intervenire sul territorio con maggiore precisione e professionalità, rispetto ai problemi in campo. Inoltre è più facile coinvolgere gli abitanti (e i cittadini) in una partecipazione attiva sulle trasformazioni territoriali. [47]

Ma partendo proprio dal presupposto di dare valore a quello che di dovrà fare, è molto forte la condizione che solo attraverso un adeguato

---

alla data di acquisto... Il tema quindi è proprio il metodo di "classificazione" che ha molte analogie con gli aspetti legati agli elementi, come descritti in questo saggio, di un territorio.
47 C. Reed, N-M. Lister, Projective Ecologies, Actar, Cambridge, MA: Harvard University Graduate School of Design, 2014

recupero paesaggistico dei luoghi d'intervento si avrà anche una conseguente valorizzazione economico/urbanistica di quei luoghi.

Per questo specifico aspetto la scelta attenta della specie di piantumazioni avrà un ruolo fondamentale. Anche per stabilire rapporti ecologici tali da recuperare anche un certo rapporto tra fauna e flora, oggi sicuramente trascurato.

ELEMENTI URBANO-PAESAGGISTICI

Tornando alla nostra classificazione, proprio per restare coerentemente legati a quanto finora detto, proviamo qui a descrivere gli eventi che riteniamo decisivi per un'elencazione di elementi importanti.

Si tratta di fattori che hanno determinato l'evoluzione del paesaggio, attraverso una lettura prevalentemente funzionale.

E a questa potremmo giustapporre anche una lettura di fattori naturali: uno schema semplificato di quale sia stata anche l'evoluzione di flora/fauna nei medesimi periodi, evidenziando che da una situazione "naturalmente originale", si è passati a una situazione di aggravamento dell'inquinamento. Questo ha portato alla perdita di specie (sia di fauna che di flora) che - adesso - molto lentamente, stanno ripopolando le zone. Ma di questo specifico aspetto non ci occuperemo in queste righe.

Infatti il progetto generale - esposto in questo testo è solo il primo passo - dovrà impostare la regia di una complessiva ri-qualificazione e questo partendo proprio da una "nuova-idea" di paesaggio.

Se si cominciasse a identificare alcuni "elementi" di paesaggio, tra questi non potremmo assolutamente dimenticare che la buona parte dei territori italiani è sempre stata coinvolta da fenomeni di "colonizzazione" di tipo funzionale. Dalle strade romane, alle campagne centuriate, ai canali di navigazione, fino alle opere di difesa militare. Dall'industrializzazione alla successiva (e ancora in corso) bonifica ecologica. Senza dimenticare la recente storia urbanistica - con importanti progetti e concorsi - parti di storia fondamentali per capire il ruolo urbano che hanno sempre avuto e che avranno i territori nel prossimo futuro. E a queste esperienze vorrei aggiungere un esempio pratico attuale. Oggi giorno si continua a procedere con standard urbanistici, tra cui quello dei parcheggi, attribuendo quantità di automobili fino a considerarle pari a una per ciascun abitante. La cosa sta diventando sempre più critica, in quanto il consumo di suolo in certi casi è veramente assurdo. Oltre tutto va anche considerata la bassa qualità paesaggistica che mediamente hanno queste realizzazioni. Considerare quanto sta succedendo con la mobilità sostenibile, dovrebbe essere un fatto decisivo: car sharing, car pooling, ride sharing, ecc. Il numero delle auto dovrebbe con questa evoluzione in corso, calare e di conseguenza dovrebbe diminuire la quantità necessaria di parcheggi in dotazione alla città. Il passo successivo potrebbe essere perciò, una diversa e ridotta progettazione di parcheggi.

PROGETTO URBANO-PAESAGGISTICO

Ma l'idea di doverci muovere anche nella direzione della "tutela" ci porta a pensare con grande attenzione a una sorta di "impronta" - già richiamata nella citazione di Camporesi nell'introduzione - di ciò che si potrà poi costruire. Con "impronta", termine molto utilizzato nel contesto "ecologico" si vuole affermare che quello che si dovrà a costruire potrà recuperare quanto più possibile codificare anche all'interno della "tradizione disciplinare" architettonica, insieme alla comprensione del carattere dei luoghi, stabilendo una sorta di lettura incrociata dei fenomeni urbani e architettonici. E tutto questo con una visione urbanistica, per l'appunto di tipo paesaggistico.

In realtà il ragionamento si sta sviluppando in modo continuo, rispetto a queste prime impostazioni. Ma ciò che vogliamo fissare sono solo dei presupposti per sondare un'idea di un nuovo progetto urbanistico. E questo dovrà svilupparsi sul piano paesaggistico, superando le strettoie di una disciplina oramai superata, per approdare a visioni del territorio anche con soluzioni "impreviste".